AF349297

Técnicas de cálculo con vehículos y unidades de transporte

Luis Carlos Hernández Barrueco

Colección: Biblioteca de logística
Director: David Soler

AURUM 1D. Técnicas de cálculo con vehículos y unidades de transporte
1.ª edición, 2016

Edita: Marge Books
Avda. Alcalde Moix, 28 - 08207 Sabadell
(Barcelona)
Tel. 931 429 486 - marge@margebooks.com
www.margebooks.com

Gestión editorial: Hèctor Soler
Edición: Cristina Torres Murillo, Alba Megías
Villanueva, Jorge Baro Olivero
Compaginación: Mercedes Lara
Infografía: Martí Garcés

ISBN: 978-84-16171-12-5
Depósito Legal: B 9451-2016

Procedencia de las ilustraciones:
Archivo y fotografías del autor y:

Archivo Marge Books, 29a
Autoritat Portuària de Tarragona, 18
China Link, 42
Comisión Europea, 38a
Desi Shipping, 42
EBHI, 37
Francisco Fernández Sasiaín, 28b, 29a, 30b
IAEA Imagebank, 25b
JSV, 25a
Port Containers, 28a
Renault, 22a
Searates, 41, 42
Skycargo, 41
Shipphotos.es, 38b
The Container Traders, 26a
Turkish cargo, 42
Universal Global Logistics, 42

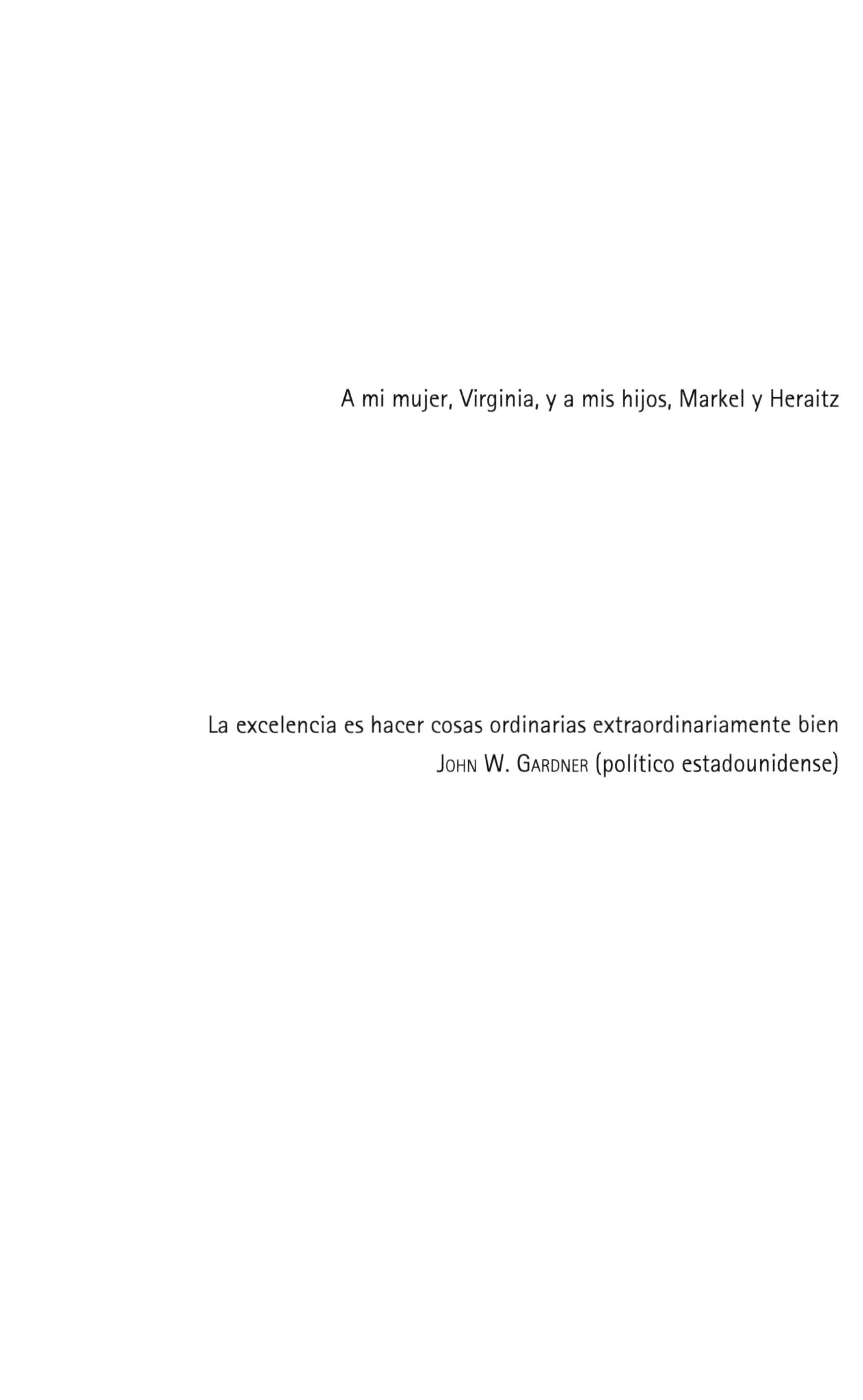

A mi mujer, Virginia, y a mis hijos, Markel y Heraitz

La excelencia es hacer cosas ordinarias extraordinariamente bien
JOHN W. GARDNER (político estadounidense)

Unidades temáticas 

Aurum 1A
Técnicas para la gestión financiera en logística

Aurum 1B
Técnicas para innovar y gestionar proyectos en logística

Aurum 1C
Técnicas de planificación industrial y gestión de existencias

Aurum 1D
Técnicas de cálculo con vehículos y unidades de transporte

Aurum 2E
Técnicas para reducir costos en operativas de transporte

Aurum 2F
Técnicas operativas en almacén

Aurum 2G
Técnicas y fórmulas de estiba de las mercancías

Aurum 2H
Técnicas para reducir costos en operativas especiales

Índice

El autor

Luis Carlos Hernández Barrueco (Vitoria, 1972) es licenciado en Ciencias Políticas por la Universidad del País Vasco. Cursó el Máster en Dirección Logística Integral (CSG), estudios de Comisario de Averías (Colegio Oficial de la Marina Mercante) y posee otros títulos relacionados con la Dirección Logística integral, Calidad, PRL y *Management*.

Tras veinte años de desempeño en el sector logístico, tiene experiencia en todos sus ámbitos, donde ha ocupado puestos de responsabilidad en empresas multinacionales, como jefe de planta en Steco–Allibert, adjunto al director de Operaciones en Norbert Dentressangle, director de Logística y Control de la Producción en Faurecia y responsable de Logística en Levantina y Asociados de Minerales.

El autor también ejerce como profesor de Logística y ha diseñado los campus virtuales *(e-learning)* de diversas escuelas de negocios. Es una figura relevante en la educación 3.0, con el empleo de tecnologías como la realidad aumentada o simuladores, campo donde realizó el primer curso de aprendizaje en línea con Google Glass y Epson Moverio BT200.

Introducción

La logística es un área profesional que engloba el transporte, el almacenaje, la distribución de productos, la planificación industrial y, en ocasiones, incluso las compras y el aprovisionamiento. Sin embargo, es una disciplina difícil de aprender porque apenas existe formación reglada sobre estas áreas (estudios universitarios, ciclos de formación profesional o de capacitación, por ejemplo), de modo que se transmite principalmente a través de seminarios, programas o másteres no estandarizados. Por lo general, esto supone una formación diferente en cada caso y sin un criterio común sobre el contenido necesario que hay que saber para desempeñar una determinada actividad.

Por otro lado, aunque en el aprendizaje de la logística tiene una gran relevancia la práctica, la mayor parte de la formación impartida es teórica, a través de clases magistrales, con lo que no se consigue ofrecer una visión global sobre ella.

Con la motivación de crear una metodología de aprendizaje innovadora en el ámbito logístico, basada en la **microformación,** se ha desarrollado el método AURUM. Esta es una **metodología didáctica,** organizada para dar cohesión a los diferentes y disgregados conocimientos que se precisan para llevar a cabo las distintas funciones logísticas, y así facilitar su aprendizaje mediante una sistemática progresiva. El soporte utilizado es, preferentemente, el aprendizaje visual y físico en el que se emplean, además, las tecnologías de la información y la comunicación.

Metodología AURUM

Los conocimientos sobre logística se pueden aprender y aplicar a través de **las técnicas, las tácticas y las estrategias.** Para el estudio y el perfeccionamiento de un conocimiento es necesario potenciar las técnicas relacionadas con la visión y la práctica. Para ello, hay que apoyarse en una formación que transmita un aprendizaje de estas técnicas y que dé paso a su aplicación conjunta mediante las tácticas apropiadas. Lo que se pretende es adquirir la destreza para su aplicación y llegar a un nuevo nivel: el del pensamiento estratégico, que abre las puertas a la innovación, a la redefinición de procesos y a la mejora de todos los conocimientos adquiridos.

La metodología AURUM se desarrolla en tres fases de aprendizaje y este libro forma parte de la primera fase, la de las técnicas. La segunda fase está destinada a las tácticas, que combinan diferentes técnicas, y la tercera está destinada a las estrategias, donde se aplican los conocimientos adquiridos en una orientación determinada.

A su vez, cada fase se expone a través de áreas de conocimiento agrupadas en torno a tres ejes temáticos:

- Innovación, planificación y gestión en logística.
- Operativas de transporte y almacén.
- Ejecución y medición del servicio.

Esta edición, presentada en forma de **fichas de microformación,** está dedicada al primer eje temático, donde se reúne un compendio de técnicas y fórmulas relacionadas con las siguientes áreas:

- Gestión financiera en logística.
- Innovación y gestión de proyectos.
- Planificación industrial y gestión de existencias.
- Cálculo con vehículos y unidades de transporte intermodal (UTI).

AURUM se plantea como una guía didáctica 3.0 con el apoyo de enlaces (códigos QR) con los que ampliar el conocimiento. En definitiva, AURUM es una metodología desarrollada para proporcionar las destrezas que se precisan para realizar el trabajo diario en logística.

Al final de esta introducción, se ofrece un ejercicio práctico con la finalidad de comprobar si las acciones que en él se describen, que son actividades logísticas, pertenecen al ámbito de las técnicas, las tácticas o las estrategias.

Técnicas	Tácticas	Estrategias
Son maneras de realizar una acción o un proceso. Las más eficientes o eficaces pasan a ser *las mejores prácticas.*	Son métodos de abordar un objetivo y que conllevan la aplicación de una o diversas técnicas.	Son planteamientos que marcan la orientación general de aplicación de las tácticas y técnicas hacia un enfoque determinado.

Áreas de conocimiento logístico

Las tres fases de aprendizaje de la metodología AURUM representan el conocimiento que es posible aplicar en los procesos logísticos. En estas tres fases se conectan e interactúan las áreas del trabajo diario, reunidas en torno a doce áreas de conocimiento, para facilitar su estudio conjunto.

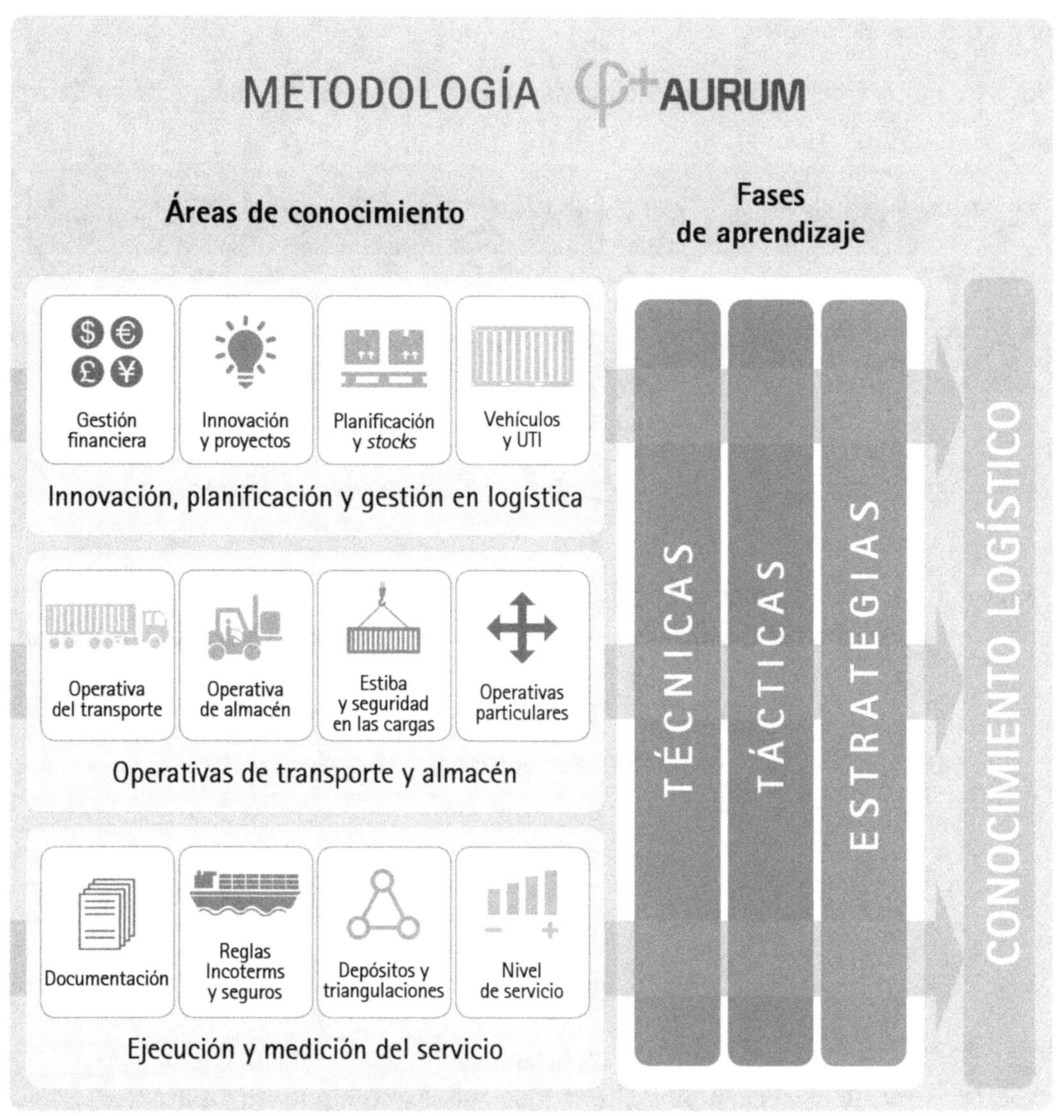

Fichas de microformación

La estructura de este libro responde a la metodología de aprendizaje AURUM. Se basa en la microformación, un sistema didáctico que permite que los contenidos se presenten en fichas independientes donde en cada una se aborda y resuelve un tema específico.

El contenido de cada ficha se presenta a su vez formando apartados que tratan la definición de cada tema, y ofrecen diferentes enfoques que facilitan la comprensión de procesos o aplicaciones y la asimilación de soluciones prácticas, ejemplos o fórmulas, entre otros aspectos clave.

Por este motivo, dependiendo de los temas que se tratan, cada ficha puede contener:

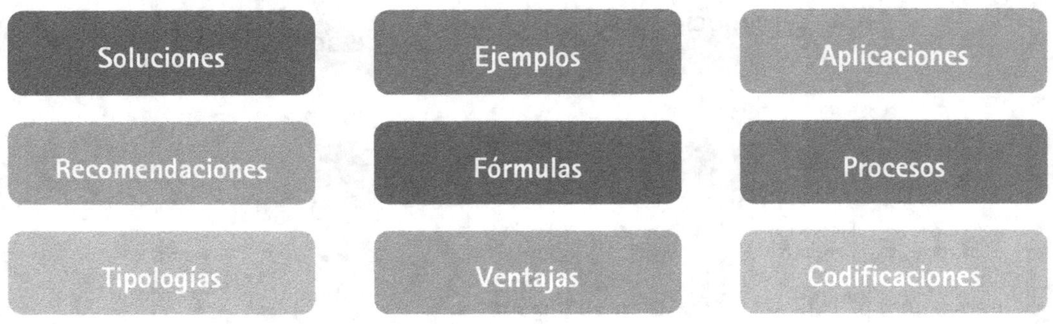

Asimismo, numerosas fichas se complementan con informaciones que permiten ampliar conocimientos específicos y enlaces a contenidos presentados en formato audiovisual:

 Información adicional de interés.

 Códigos QR con enlaces a internet.

 Las fichas de microformación presentan contenidos didácticos con un elevado nivel cualitativo. La metodología AURUM prioriza los aspectos significativos de la información y permite comprender con facilidad temáticas complejas.

Recomendaciones para la formación

Para impartir o recibir formación en cualquier área de conocimiento en logística bajo la metodología AURUM es conveniente tener en cuenta las siguientes recomendaciones didácticas:

Ítem	Metodología Aurum
Metodología didáctica	Actividades participativas
Desarrollo de la formación	El formador puede exponer las técnicas, los objetivos que se deben aprender y mostrar cómo se hace. Los alumnos deben ejecutar el proceso hasta que se alcanza el objetivo con destreza
Canales de comunicación preferente	La comunicación verbal y visual
Materiales empleados	Preferentemente objetos relacionados con las actividades que se han de desarrollar, como maquetas, realidad aumentada, realidad virtual, simuladores, tabletas, teléfonos inteligentes, ordenadores, diapositivas, vídeos, tablas, papel y gafas inteligentes
Lugar de la formación	Espacio donde se desarrollan las técnicas, tácticas o estrategias objeto de la formación. Para facilitar que los alumnos interactúen, el aula se puede disponer formando un círculo, con un objeto en el centro como, por ejemplo, una maqueta
Formato del curso	Microformación. Aprender una a una las técnicas, las tácticas o las estrategias concretas. Se pueden explicar previamente los objetos o componentes y las definiciones necesarias
Prácticas y proyectos de fin de curso	Las prácticas se pueden hacer durante la formación, sobre maquetas u otros elementos o bien sobre el terreno. Para asentar los conocimientos, se pueden realizar trabajos con objetivos reales que hay que alcanzar bajo las premisas y la supervisión del formador
Tiempo	Se pueden hacer formaciones planificadas, pero se debería centrar en torno a la formación inmediata, gracias al acceso a microcursos en línea sobre temas específicos. Algunos elementos pueden reducir el tiempo de formación necesario, como las gafas inteligentes con instrucciones que hay que visualizar durante la ejecución, por ejemplo
Medios para favorecer la retención de los contenidos	Las fichas rápidas de consulta, las técnicas nemotécnicas visuales, la práctica física, los simuladores, los microcursos o los vídeos de disposición inmediata
Valores de la formación	Sencilla, fácil, práctica y orientada hacia objetivos concretos

Indique si estos hechos son técnicas, tácticas o estrategias con una X:
(Verifique sus respuestas en la parte inferior de la tabla.)

Acciones	A. Técnicas	B. Tácticas	C. Estrategias
1 Calcular la capacidad en metros cúbicos de un contenedor			
2 Planificar la actividad de un almacén mediante ventanas horarias y turnos de ocho horas			
3 Fijar un *stock* de seguridad			
4 Orientar una empresa de transporte hacia el mercado del grupaje en Centroeuropa			
5 Realizar planes de mantenimiento preventivo para disminuir los daños por averías			
6 Cumplimentar adecuadamente una carta de porte CMR			
7 Rediseñar el sistema de distribución de una compañía basándolo en el uso de comisionistas			

Respuestas: 1-A / 2-B / 3-A / 4-C / 5-B / 6-A / 7-C

D

Técnicas de cálculo con vehículos y unidades de transporte

Los vehículos y las UTI

Tanto si se trabaja en el campo de la planificación, como si se opera en el del transporte o el almacén, es fundamental conocer las dimensiones y características de los vehículos y las unidades de transporte intermodal (UTI). Este capítulo contiene la información necesaria para poder elegir y optimizar el uso de cualquier vehículo de carga o UTI, lo que es, en gran medida, una de las funciones de algunas figuras profesionales.

Aunque existe una falta de uniformidad, en el ámbito internacional, respecto a la tipología, dimensiones y características técnicas de los vehículos de transporte que se emplean en las diferentes regiones económicas, se ofrecen orientaciones y numerosos ejemplos que facilitan el cálculo de sus capacidades.

Las UTI operan habitualmente en el escenario internacional y tanto en el modo aéreo como en el ferroviario o en el marítimo están reguladas por organismos internacionales (ISO, CEN, IATA, etc.), por lo que las medidas y características que se presentan son aplicables en cualquier país del mundo.

Este capítulo también contiene informaciones para el empleo de las UTI, para descifrar el código de identificación de los contenedores, por ejemplo, y otras relativas a las unidades de carga, a su eventual disposición en las unidades de transporte, el cálculo del peso volumétrico y fórmulas de contratación para la carga en buques graneleros, entre otras.

¿Cómo calcular la carga útil y la MMA en los vehículos de transporte combinado?

La **masa máxima autorizada (MMA)** es el peso total permitido, en toneladas (t), que puede alcanzar un vehículo con la carga y la **unidad de transporte intermodal (UTI)** si la tuviese. La **tara** es el peso en vacío (t) de un vehículo o UTI.

Solución

MMA permitidas en España para vehículos de transporte intermodal (carretera-marítimo o carretera-ferrocarril):

Vehículos de transporte intermodal	MMA (t)	Parte del vehículo o UTI	Descripción	Ejemplo tara (t)	Ejemplo carga útil (t)
	44	Tractora tres ejes	Vehículo motor y semirremolque de tres ejes. Homologado para transporte combinado, y contenedor o caja móvil cerrados, igual o superior a 20'	9	26,1
		Semirremolque tres ejes		6,5	
		Contenedor o caja móvil		2,4	
	44	Tractora tres ejes	Vehículo motor de tres ejes con semirremolque de dos ejes. Homologado para transporte combinado, y contenedor o caja móvil cerrados, igual o superior a 20'	9	27,6
		Semirremolque dos ejes		5	
		Contenedor o caja móvil		2,4	
	42	Tractora dos ejes	Vehículo motor de dos ejes con semirremolque de tres ejes. Homologado para transporte combinado, y contenedor o caja móvil cerrados, igual o superior a 20'	7,5	25,6
		Semirremolque tres ejes		6,5	
		Contenedor o caja móvil		2,4	
	38	Tractora dos ejes	Vehículo motor de dos ejes con semirremolque de dos ejes. Lleva una caja móvil abierta igual o superior a 20' y distancia entre ejes menor a 1,8 m	7,5	23,1
		Semirremolque dos ejes d<1,8m		5	
		Contenedor o caja móvil		2,4	
	36	Tractora dos ejes	Vehículo motor de dos ejes con semirremolque de dos ejes. Lleva una caja móvil abierta igual o superior a 20' y distancia entre ejes mayor a 1,8 m	7,5	21,1
		Semirremolque dos ejes d>1,8 m		5	
		Contenedor o caja móvil		2,4	

Fórmula

La **carga útil** es la carga que puede transportar un vehículo y resulta de calcular la fórmula:

Carga útil = MMA – tara.

Ejemplo

Carga útil = MMA (44 t) – tara tractora (8 t) – tara semirremolque (6 t) – tara contenedor (2,5 t).

Solución:

Carga útil = 44 t – (8 + 6 + 2,5) = 27,5 t.

¿Cómo calcular la carga útil y la MMA en los vehículos de transporte por carretera?

Aunque en cada país existe una normativa diferente, a continuación se propone una fórmula válida para todos los casos. Aquí se hace referencia a la **carga útil total,** sin embargo, puede haber limitación de masa máxima por eje.

Solución

MMA permitidas (en España) para vehículos de transporte (no especial) por carretera:

Vehículos de carga general no intermodal	MMA (t)	Parte del vehículo o UTI	Descripción	Ejemplo tara (t)	Ejemplo carga útil (t)
	18	Rígido dos ejes	Vehículo rígido de dos ejes	5	13
	24	Rígido tres ejes	Vehículo rígido de tres ejes simples sin suspensión neumática	9	15
	25	Rígido tres ejes	Vehículo rígido de tres ejes dobles con suspensión neumática	9	16
	31	Rígido cuatro ejes	Vehículo rígido de cuatro ejes simples sin suspensión neumática	13	18
	32	Rígido cuatro ejes	Vehículo rígido de cuatro ejes con dos direccionales: – Eje motor equipado con neumáticos dobles y suspensión neumática (o equivalente en la UE) – Cada eje motor equipado con neumáticos dobles. La MMA no puede exceder de 9,5 t	13	19
	36	Articulado cuatro ejes	Vehículo motor de dos ejes. Eje motor equipado con ruedas gemelas, suspensión neumática (o equivalente en la UE), semirremolque cuya distancia entre ejes sea superior a 1,8 m. MMA del vehículo motor: 18 t; MMA de un eje tándem del semirremolque: 20 t	12	24
	40	Articulado cinco o más ejes	Vehículo motor pesado con dos o tres ejes. Semirremolque de tres ejes	12	28
	40	Tren de carretera	Vehículo rígido y remolque	16	24

Fórmula

La **carga útil** es la carga que puede transportar un vehículo y resulta de calcular la fórmula:

Carga útil = MMA – tara.

Ejemplo

MMA = 40 t / tara tractora = 7 t / tara semirremolque = 9 t.

Solución:
40 t – 7 t – 9 t = 24 t.

¿Cuántos metros cúbicos útiles tiene un camión?

Para calcular la capacidad (m³) de un vehículo de transporte de carga es necesario multiplicar **el largo, ancho** y **alto** del interior de la zona de carga. No obstante, siempre hay que tener en cuenta la normativa de carga y tránsito de cada país.

Solución

Cálculo del volumen útil (m³)[1]		Ejemplo				
			Interior zona carga			
Vehículo de carga general no intermodal	Descripción	Exterior vehículo	Largo	Ancho	Alto	m³
	Vehículo rígido de dos ejes	12 × 4 × 2,5	6,5	2,48	2,6	42
	Vehículo rígido de tres ejes	12 × 4 × 2,5	8,6	2,48	2,7	58
	Vehículo rígido de cuatro ejes	12 × 4 × 2,5	9,5	2,48	2,7	64
	Vehículo motor de dos ejes y semirremolque de dos ejes	16,5 × 4 × 2,5	13,65	2,48	2,7	91
	Camión con lona *(tarpaulin* tráiler). Vehículo motor pesado con dos o tres ejes y semirremolque de tres ejes de rueda 80	16,5 × 4 × 2,5	13,65	2,48	2,7	91
	Tráiler *tautliner* (semimega). Vehículo motor pesado con dos o tres ejes y semirremolque de tres ejes de rueda 70	16,5 × 4 × 2,5	13,65	2,48	2,9	98
	Tráiler *megatautliner.* Vehículo motor pesado con dos o tres ejes y semirremolque de tres ejes de rueda 60	16,5 × 4 × 2,5	13,65	2,48	3	102
	Vehículo rígido y remolque	18,75 × 4 × 2,5	16,5	2,48	3	123

Fórmula

Volumen útil:

V = largo × ancho × alto.

Ejemplo

V = largo (13,6) × ancho (2,48) × alto (3).

Solución:

V = 13,6 × 2,48 × 3 = 102,55 m³

[1] Capacidades (m³) máximas permitidas de los diferentes tipos de camiones en España. No se incluyen aquí transportes especiales, ni megacamiones de 60 t de MMA.
No siempre se aprovechan las dimensiones máximas. Son comunes vehículos más pequeños, como camiones rígidos, por ejemplo.

¿Cuántos metros cúbicos útiles tiene una furgoneta?

La gran variedad que existe de furgonetas se puede clasificar en las cinco familias que se indican en la tabla. El volumen útil es el resultado de multiplicar el **largo, ancho y alto** del interior. Aquí se presenta un ejemplo orientativo, pero el interior de las furgonetas suele presentar alguna irregularidad a la altura de las ruedas traseras; por lo tanto, habría que calcular el volumen general y luego restar el que ocupan parte de las ruedas (habitualmente es de 0,5 m³).

Ejemplo

| Cálculo del volumen útil (m³) | | Ejemplo | | | | | | |
| | | Exterior vehículo | | | Interior zona carga | | | |
Tamaños orientativos de furgonetas	Descripción	Largo	Ancho	Alto	Largo	Ancho	Alto	m³
	Furgoneta pequeña	3,86	1,72	1,72	1,52	1,46	1,06	2,4
	Furgoneta monovolumen	4,6	1,7	1,89	2,3	1,63	1,28	4,8
	Furgón corto elevado	5,54	2,47	2,5	3,08	1,76	1,89	10,2
	Furgón largo elevado	6,94	1,93	2,7	4,3	1,78	1,94	14,8
	Furgoneta carrozada grande	5,5	2,4	3,2	4,5	2,1	2,12	20,0

¿Qué palés son los más utilizados y cuántos caben en cada tipo de camión?

Existen palés de diferentes dimensiones, con características adaptadas a distintas tipologías de cargas. Los palés que más se utilizan a escala internacional son:

Europalé	1.200 × 800 mm	Para alimentación (medio europalé)	800 × 600 mm
Americano, isopalé o universal[1]	1.000 × 1.200 mm	Otros	1.200 × 1.200 mm
Para la construcción	1.000 × 800 mm	Otros	1.219 × 1.016 mm

Solución

Para calcular cuántos palés caben en un tipo de camión es necesario fijar la forma de carga (transversal, longitudinal o combinada), dividir la longitud del camión entre la del palé en la posición adecuada y multiplicar el resultado por las filas posibles.

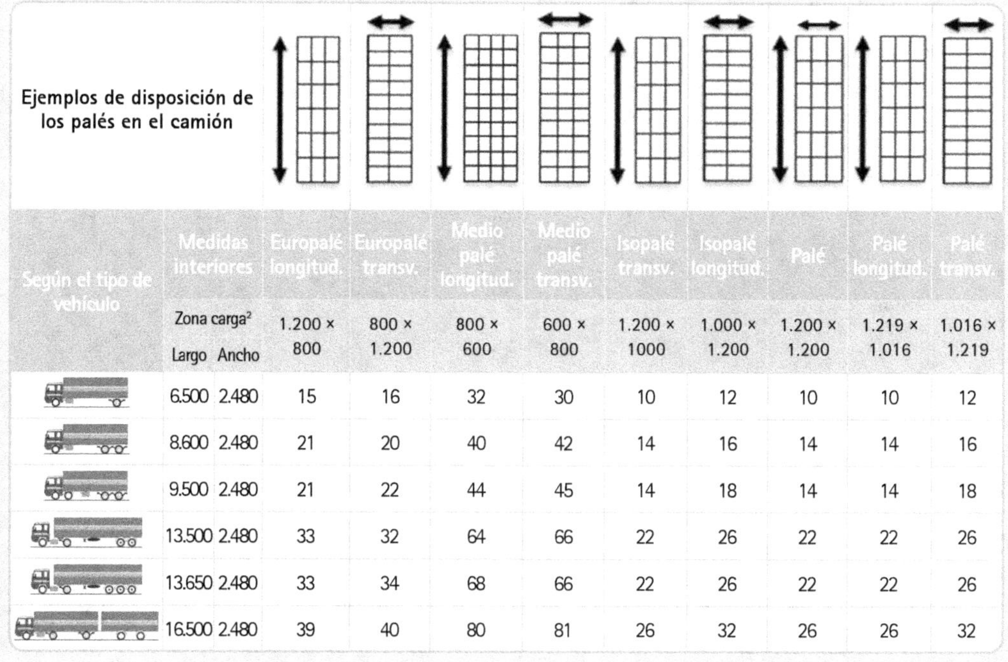

Ejemplos de disposición de los palés en el camión

Según el tipo de vehículo	Medidas interiores		Europalé longitud.	Europalé transv.	Medio palé longitud.	Medio palé transv.	Isopalé transv.	Isopalé longitud.	Palé	Palé longitud.	Palé transv.
	Zona carga[2]		1.200 × 800	800 × 1.200	800 × 600	600 × 800	1.200 × 1000	1.000 × 1.200	1.200 × 1.200	1.219 × 1.016	1.016 × 1.219
	Largo	Ancho									
	6.500	2.480	15	16	32	30	10	12	10	10	12
	8.600	2.480	21	20	40	42	14	16	14	14	16
	9.500	2.480	21	22	44	45	14	18	14	14	18
	13.500	2.480	33	32	64	66	22	26	22	22	26
	13.650	2.480	33	34	68	66	22	26	22	22	26
	16.500	2.480	39	40	80	81	26	32	26	26	32

Para saber cuántos palés caben en un camión europeo, basta con dividir el largo del interior entre 0,4.

---

[1] Palé de cuatro entradas optimizado para el transporte en contenedores de 20' y 40'.
[2] Estas medidas toman como referencia la normativa aplicable en España.

Medidas externas de los contenedores ISO/EURO

Las dimensiones de los contenedores de transporte están reguladas por la norma ISO 6346.

En esta norma aparecen dos nomenclaturas:

- Tamaño ISO: define los contenedores en función de las medidas y el tipo.
- Grupo ISO: define los contenedores en función del uso.

Ejemplo

20' contenedor de plataforma / Tamaño ISO: 22 P8 / grupo ISO: 22 PC

Adicionalmente, existe un enorme parque de contenedores no estandarizados, principalmente fruto de navieras o empresas que han desarrollado soluciones específicas.

Tipos de contenedor	Largo		Alto	
	Pies	Milímetros	Pies	Milímetros
	53'	16.150	8' 6''	2.591
	49'	14.935	9' 6''	2.896
	2 × 24'	7.442	8' 6''	2.600
	48'	14.630	9' 6 1/2''	2.591
	45'	12.192	9' 6''	2.438
	43'	13.106,4	8' 6''	2.590,8
	40 ISO	12.192	8'	2.500
	40 EURO	12.192	8'	2.438
	35'	10.660	8'	2.438
	30'	9.125	8'	2.438
	24'	7.430	8'	2.438
	2 × 20'	6.058	8'	2.438

Características de los contenedores cerrados *(dry box)*

Disponen de dos puertas en un extremo. Se emplean para el transporte de carga seca y son los más utilizados.

Un TEU *(twenty equivalent unit)* es una unidad de medida que equivale a un contenedor de 20' de largo. Se emplea para calcular la capacidad de los buques portacontenedores y las terminales de contenedores y para hacer estadísticas de volúmenes.

Ejemplo

Tipo de contenedor	Contenedor estándar *(dry box)*								
	Capacidad y carga útil			Medidas internas			Medidas externas		
	Volumen	MMA	Peso vacío	Largo	Ancho	Alto	Largo	Ancho	Alto
Cerrado de 20'	33 m³	28.200 kg	2.280 kg	5,896 m	2,35 m	2,393 m	6,096 m	2,39 m	2,591 m
	1.165 pies³	62.170 lb	5.030 lb	19' 4 1/8"	7' 8 1/2"	7' 10 3/16"	20'	8'	8' 6"
Cerrado de 40'	67 m³	28.800 kg	3.700 kg	12,032 m	2,35 m	2,393 m	12,192 m	2,39 m	2,591 m
	2.366 pies³	63.493 lb	8.157 lb	39' 5 11/6"	7' 8 1/2"	7' 10 3/16"	40'	8'	8' 6"
Cerrado de 40' Alta capacidad *(high cube)*	76 m³	28.620 kg	3.880 kg	12,032 m	2,35 m	2,71 m	12,192 m	2,39 m	2,8961 m
	2.684 pies³	63.100 lb	8.554 lb	39' 5 11/16 "	7' 8 1/2"	8' 10 1/8"	40'	8'	9' 6"
Cerrado de 45' Alta capacidad *(high cube)*	85 m³	27.600 kg	4.900 kg	13,556 m	2,352 m	2,69 m	13,716 m	2,39 m	2,8961 m
	3.036 pies³	60.848 lb	10.803 lb	44' 5 11"	7' 89"	8' 103"	45'	8'	9' 6"

Características de los contenedores sin techo *(open top)*

Es similar al contenedor cerrado, pero la parte superior puede abrirse porque está cubierta por lonas u otros sistemas de cierre. Se emplea principalmente para mercancías que requieren carga o descarga por la parte superior mediante grúas u otros sistemas de elevación, lo que permite también que sobresalga la mercancía. En este caso, el contenedor deberá transportarse en la parte superior del buque.

Ejemplo

Contenedor sin techo *(open top)*									
Tipo de contenedor	Capacidad y carga útil			Medidas internas			Medidas externas		
	Volumen	MMA	Peso vacío	Largo	Ancho	Alto	Largo	Ancho	Alto
Sin techo de 20'	31,74 m³	28.000 kg	2.280 kg	5,919 m	2,346 m	2,286 m	6,096 m	2,39 m	2,591 m
	1.120,88 pies³	62.128 lb	5.027 lb	19' 5''	7' 8 5/16''	7' 6''	20'	8'	8' 6''
Sin techo de 40'	64,39 m³	28.700 kg	4.000 kg	12,032 m	2,338 m	2,289 m	12,192 m	2,39 m	2,591 m
	2.273,91 pies³	63.272 lb	8.818 lb	39' 5 11/6''	7' 8''	7' 6 1/16''	40'	8'	8'6''
Sin techo de 40' Alta capacidad *(high cube)*	74,88 m³	26.480 kg	4.000 kg	12,032 m	2,348 m	2,65 m	12,192 m	2,438 m	2,8961 m
	2.643,86 pies³	58.377 lb	8.818 lb	39' 5 11/16 ''	7' 8 3/8''	8' 8 4/9''	40'	2,39'	9'6''

Características de los contenedores frigoríficos *(reefer)*

Permiten refrigerar (o congelar) las mercancías en su interior gracias a un sistema de refrigeración que debe abastecerse de corriente eléctrica, que toma del buque o de la terminal de contenedores. Habitualmente, la temperatura se mantiene en –25 ºC, aunque algunos modelos pueden alcanzar los –60 ºC.

Ejemplo

Tipo de contenedor	Capacidad y carga útil			Medidas internas			Medidas externas		
	Volumen	MMA	Peso vacío	Largo	Ancho	Alto	Largo	Ancho	Alto
Frigorífico de 20'	28,7 m³	30.480 kg	2.942 kg	5,535 m	2,284 m	2,224 m	6,096 m	2,39 m	2,591 m
	1.014 pies³	67.200 lb	6.490 lb	18' 1 7/8''	7' 5 7/8''	7' 3 1/2''	20'	8'	8'6''
Frigorífico de 40'	60 m³	34.000 kg	4.600 kg	11,563 m	2,294 m	2,161m	12,192 m	2,39 m	2,591m
	2.120 pies³	74.960 lb	10.140 lb	37' 11 1/4''	7' 6 1/4''	7' 1''	40'	8'	8'6''
Frigorífico de 40' Alta capacidad *(high cube)*	67,36 m³	34.000 kg	4.480 kg	11,58 m	2,29 m	2,402 m	12,192 m	2,39 m	2,8961 m
	2.380 pies³	74.960 lb	9.880 lb	37' 11 7/8''	7' 6 1/8''	7' 10 1/2''	40'	8'	9'6''

Contenedor frigorífico *(reefer container)*

Ejemplos de contenedores frigoríficos: de atmósfera controlada, ventilados y superrefrigerantes. Es recomendable consultar a la naviera antes de realizar una carga, ya que podrían no caber los embalajes.

Características de los contenedores de plataforma *(flat rack)*

Carecen de laterales y techo, de manera que están formados únicamente por la base y las paredes frontal y posterior, que pueden ser rígidas o abatibles. Se usan principalmente para transportes especiales, y pueden unirse entre sí para soportar mercancías de gran volumen. Se disponen en una zona específica de los buques, ya que su estiba con el resto de unidades de carga suele ser complicada.

Ejemplo

Tipo de contenedor	Contenedor de plataforma *(flat rack container)*								
	Capacidad y carga útil			Medidas internas			Medidas externas		
	Volumen	MMA	Peso vacío	Largo	Ancho	Alto	Largo	Ancho	Alto
Plataforma de 20'	33,3 m³	45.000 kg	2.900 kg	6,038 m	2,348 m	2,233 m	6,058 m	2,438 m	2,233 m
	1.175 pies³	99.200 lb	6.400 lb	19' 9 3/4"	8'	7' 3 7/8"	20'	8'	7' 3 7/8"
Plataforma de 40'	66,7 m³	26.740–26.850 kg	3.630–3.740 kg	12,03 m	2,345 m	2,4 m	12,192 m	2,438 m	2,591 m
	2.390 pies³	59.000	8.200	39' 6"	7' 8"	7' 10"	40'	8'	8' 6"
Plataforma de 40' Alta capacidad *(high cube)*	63,97 m³	55.000 kg	5.900 kg	12,04 m	2,347 m	2,264 m	12,192 m	2,438 m	2,264 m
	2.390 pies³	121.250 lb	12.900 lb	39'6 1/4"	7' 8 3/8"	7' 5 1/8"	40'	8'	7' 5 1/8"

Características de los contenedores de costado abierto (open side)

Son contenedores que disponen de aperturas por uno o ambos laterales. Normalmente se usan para cargas largas, que no pueden ser cargadas por la parte frontal. Son equipos poco habituales y suelen contratarse bajo petición, con elevados sobrecostos.

Ejemplo

| Contenedor de costado abierto (open side container) | | | | | | | | | |
| Tipo de contenedor | Capacidad y carga útil | | | Medidas internas | | | Medidas externas | | |
	Volumen	MMA	Peso vacío	Largo	Ancho	Alto	Largo	Ancho	Alto
Costado abierto de 20'	31 m³	24.160 kg	2.775 kg	5,898 m	2,278 m	2,299 m	6,058 m	2,438 m	2,5913 m
	1.095 pies³	52.910 lb	6.117 lb	19' 4"	7' 5 1/3"	7' 4"	20'	8'	8' 6"
Costado abierto de 40'	66,7 m³	26.700 kg	4.200 kg	12,032 m	2,345 m	2,4 m	12,192 m	2,438 m	2,591 m
	2.390 pies³	58.800	9.200	39' 5 11/6"	7' 8"	7' 10"	40'	8'	8' 6"
Costado abierto de 40' Alta capacidad (high cube)	71,48 m³	24.000 kg	5.700 kg	12,31 m	2,28 m	2,547 m	12,192 m	2,438 m	2,896 m
	2.524 pies³	52.910 lb	12.566 lb	39' 5"	7' 5"	8' 4"	40'	8'	9' 5 6"

Características de las plataformas de transporte

La estructura consiste en una única base sobre la que se coloca la mercancía. Son similares a los contenedores de plataforma, pero carecen de paredes frontales y posteriores. Sirven principalmente para cargas especiales y también pueden unirse para formar bases de gran tamaño para cargas voluminosas.

Ejemplo

Tipo de plataforma	Plataformas de transporte								
	Capacidad y carga útil			Medidas internas			Medidas externas		
	Volumen*	Carga útil	Peso vacío	Largo	Ancho	Alto*	Largo	Ancho	Alto*
 Plataforma de 20'	–	27800 kg	2.200 kg	5,9 m	2,39 m	–	6,058 m	2,438 m	–
		61.288 lb	4.850 lb	19' 4"	7'10"		20'	8'	
Plataforma de 40'	–	40.600 kg	4.400 kg	12,03 m	2,39 m	–	12,192 m	2,438 m	–
		89.507 lb	9.700 lb	39'6"	7'10"		40'	8'	

A pesar de su aparente sencillez, las plataformas no resultan más baratas que los contenedores.

Sobre ellas no puede cargarse mercancía remontada, por lo que solo pueden colocarse en la parte superior de una pila de contenedores o en zonas especialmente habilitadas para ello, lo que deja mucho espacio desaprovechado. Por este motivo, su utilización conlleva un costo elevado.

*Se debe consultar con la empresa transportista el volumen y la altura permitidos.

¿Qué es el código de identificación que aparece en la puerta de los contenedores?

La nomenclatura de los contenedores está regulada por la norma ISO 6346, que establece un sistema de identificación para cada contenedor. Este código está compuesto de:

- Código del propietario o **código BIC** *(Bureau International des Containers et du Transport Intermodal)*.
- Letra de identificación del tipo de equipamiento.
- Número de serie.
- Dígito de comprobación.
- Código que establece las medidas y el tipo de contenedor.
- Código de país.
- Marcas de operación.

Codificación

1 **Código de propietario:** compuesto por tres letras mayúsculas que designan al propietario (o principal operador) del contenedor. Este código tiene que estar registrado en el BIC.

2 **Tipo de equipamiento:** se especifica con una estas tres letras:

- U: contenedores de uso corriente.
- J: equipos auxiliares adosables.
- Z: chasis o tráilers de transporte vial.

3 **Número de serie:** número correlativo.

4 **Dígito de comprobación:** mediante unos códigos se suman los números de serie y se comprueba que sea correcto.

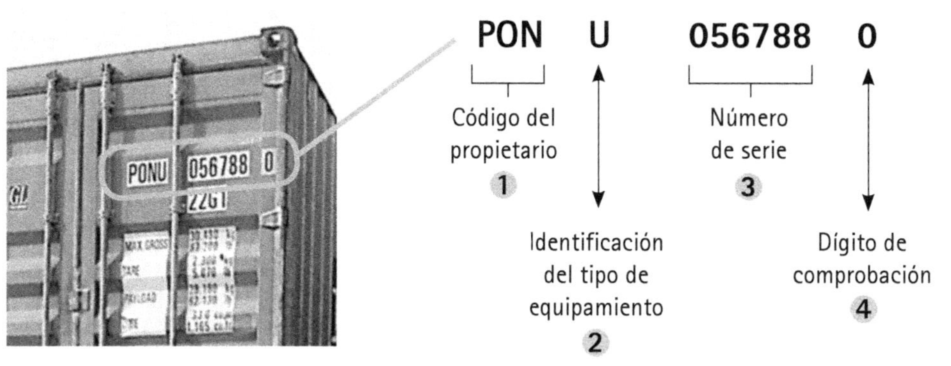

¿Cómo descifrar el código de identificación de los contenedores?

De acuerdo con la norma ISO 6346, en la puerta de los contenedores debe aparecer el **código de las dimensiones y el tipo,** que se compone de cuatro caracteres. Se puede decodificar a través de las tablas publicadas en dicha norma.

Codificación

1 Longitud

Código	Longitud
1	10'
2	20'
3	30'
4	40'
B	24'
C	24' 6"
G	41'
H	43'
L	45'
M	48'
N	49'

2 Anchura y altura

Código	Alto	Ancho
0	8'	8'
2	8' 6"	8'
4	9'	8'
5	9' 6"	8'
6	> 9' 6"	8'
8	4' 3"	8'
9	<= 4'	8'
C	8' 6"	2.348 mm < × < = 2.500 mm
D	9'	2.348 mm < × < = 2.500 mm
E	9' 6"	2.348 mm < × < = 2.500 mm
F	> 9' 6"	2.348 mm < × < = 2.500 mm

3 4 Tipo de contenedor

Letra
G = Generales
B = Graneles
H = Refrigerado con equipo extraíble o aislado
P = Plano
R = Refrigerados con equipo propio
S = Animales o automóviles
T = Tanques
U = Contenedor sin techo
V = Ventilados

Prefijo	Descripción
G0	Generales, con aberturas en uno o ambos extremos
G1	Con ventilaciones pasivas en la parte superior del espacio de carga
G2	Con aberturas en uno o ambos extremos y aberturas completas en uno o ambos lados
G3	Con aberturas en uno o ambos extremos y aberturas parciales sobre uno o ambos lados

¿En qué orden se deben transmitir las medidas para el envío de un bulto?

En un departamento de logística, algunas de las actividades diarias más recurrentes son la petición de cotizaciones o la emisión de órdenes de carga para el envío de paquetes y palés. Es habitual que surjan dudas sobre cómo transmitir la información de las medidas.

Aunque no hay una norma escrita, por uso y costumbre, las medidas se transmiten en este orden:

largo (L) × ancho (B) × alto (H)

Ejemplo

Como se ve en el ejemplo, la forma del bulto cambiaría si el orden de la información se presentara de otro modo.

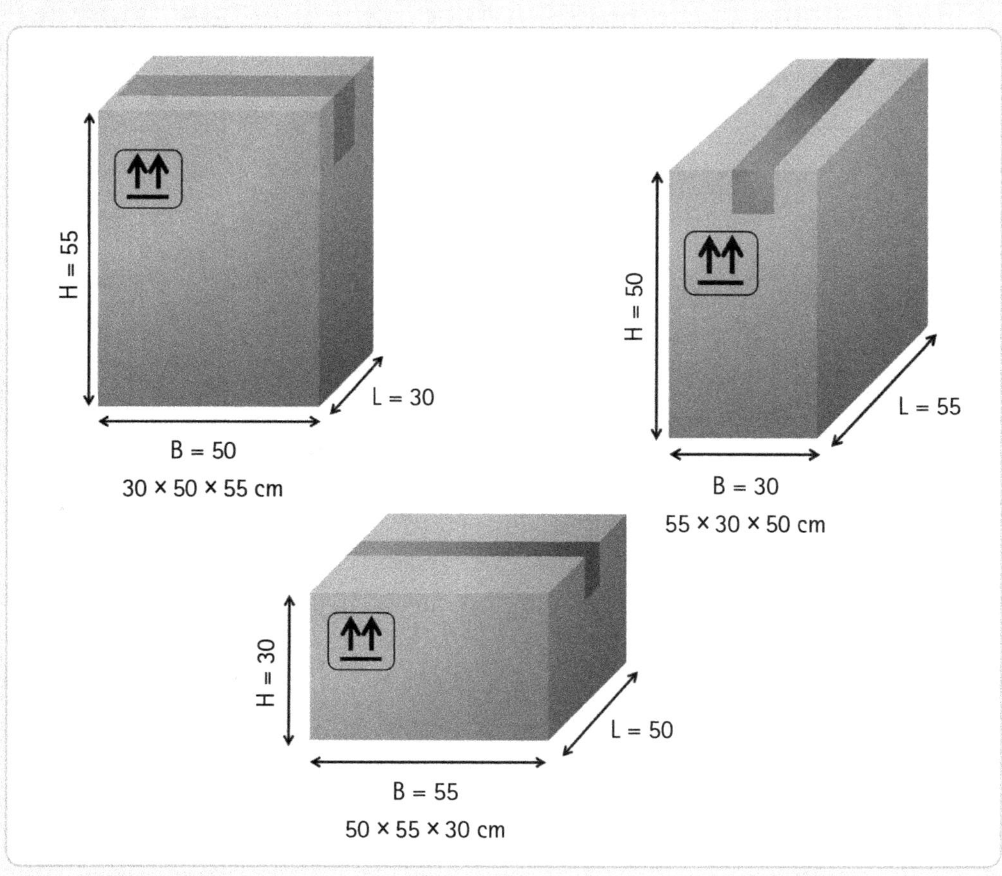

¿Qué es el peso volumétrico y cómo se calcula?

Es un factor corrector que se aplica para el transporte de aquellos bultos que tienen poco peso y mucho volumen. También se conoce como factor de estiba. Sin este factor, podría darse el caso de ocupar un gran volumen por un precio muy bajo.

Su propósito es comercial y no tiene un fundamento físico que permita estandarizar el cálculo. Para calcularlo, cada medio de transporte tiene unos factores propios y muchas compañías establecen sus propios límites.

El **peso facturable** es el mayor entre el peso real y el peso volumétrico.

Si sobre un bulto no se puede remontar nada o si supera una determinada altura, es posible que la compañía exija el cobro de todo el espacio que quede sobre él.

Solución

$$\text{Peso volumétrico (kg) / UE} = \frac{[\text{largo (L)} \times \text{ancho (B)} \times \text{alto (H)}]\ cm}{5.000}$$

$$\text{Peso volumétrico (kg) / fuera UE} = \frac{[\text{largo (L)} \times \text{ancho (B)} \times \text{alto (H)}]\ cm}{6.000}$$

$$\text{Peso volumétrico (kg)} = \frac{[\text{largo (L)} \times \text{ancho (B)} \times \text{alto (H)}]\ \text{pulgadas}}{305}$$

$$\text{Peso volumétrico (lb)} = \frac{[\text{largo (L)} \times \text{ancho (B)} \times \text{alto (H)}]\ \text{pulgadas}}{166}$$

Otra fórmula muy utilizada es: $1\ m^3 = 167\ kg$

Peso volumétrico internacional (kg) =
[largo (L) × ancho (B) × alto (H)] cm × 270 kg

Peso volumétrico internacional (kg) =
[largo (L) × ancho (B) × alto (H)] cm × 333 kg

$1\ m^3 = 1.000\ kg$

¿Cómo elegir el canal de transporte por carretera adecuado para un envío?

En el transporte por carretera existe una muy amplia tipología de servicios.

Elegir el canal adecuado puede suponer una importante diferencia de costo, ya que cada canal dispone de sistemas y vehículos especializados en un tramo de la cadena de transporte.

Aunque depende de los recursos técnicos y de las políticas comerciales de cada empresa transportista, partiendo del peso y del volumen del envío se puede elegir el canal más adecuado.

Si el envío es voluminoso y de poco peso, se debe multiplicar el volumen de metros cúbicos por 333 kg.

Ejemplo: 1,2 m^3 = 399,6 kg.

Tipología

Transporte terrestre	kg	Vehículos
Mensajería	Hasta 20	
Mensajería urgente / *Courier*	Hasta 20	
Paquetería	De 5 a 1.000	
Mercancía paletizada	De 50 a 6.000	
Grupaje	De 6.000 a 20.000	
Carga completa general	De 20.000 a 25.000	
Portacontenedores	De 5.000 a 25.000	
Transportes especiales	De 20.000 a 100.000	
Transporte de mercancías peligrosas	De 2.000 a 33.000	

¿Qué servicio ofrece cada tipo de buque portacontenedor?

Los diferentes tipos de buques portacontenedores poseen características
que los capacitan para rutas marítimas y puertos específicos. Así, los grandes
buques con capacidad de hasta 20.000 TEU cubren rutas transoceánicas entre
puertos concentradores o *hub*, mientras que los buques alimentadores o *feeder*,
realizan tráficos dentro de una misma área geográfica, mediante navegación
de cabotaje. Estas son las principales tipologías de buques portacontenedores:

- Los *feeder*, utilizados para transportar mercancías hacia puertos *hub*.
- Los *panamax* y *new panamax* se destinan a servicios de media distancia.
- Los *new panamax* y *malaccamax* se utilizan para servicios transoceánicos o de
  larga distancia.

Tipología

Tipo		Capacidad (TEU)	Eslora (m)	Manga (m)	Calado (m)
Small feeder		De 100 a 500	De 90 a 200	De 15 a 28	De 7 a 10
Handy/feeder		De 500 a 2.500	De 200 a 250	De 28 a 30	De 10 a 11
Panamax		De 2.500 a 4.000	De 250 a 295	De 30 a 32,25	De 11 a 13,45
Post panamax		De 4.000 a 5.000	De 275 a 305	Hasta 40	De 11 a 13
Post panamax plus		De 5.000 a 8.000	Hasta 335	Hasta 42	De 13 a 14
New panamax		De 8.000 a 14.000	De 335 a 400	De 40 a 51	De 14 a 16
Malaccamax		De 14.000 a 20.000	De 400 a 472	De 49 a 60	De 15,5 a 18

Los primeros contenedores datan de la década de 1950, y dieron lugar
a los buques portacontenedores. Debido a la internacionalización de este
sistema de transporte de mercancías se construyeron buques de mayor
capacidad, como el tipo *panamax* (que se ajusta a las medidas para
el tránsito por el canal de Panamá) o el *malaccamax* (que puede navegar
por el estrecho de Malaca).

Cálculo con vehículos y UTI

¿Qué fórmulas de contratación se negocian para la carga en buques graneleros?

Los buques graneleros están dotados de bodegas de carga para el transporte de mercancía seca a granel por vías navegables. Sus servicios se organizan en líneas regulares, como los buques portacontenedores, o bajo pedido, sin ruta fija ni fletes uniformes *(tramping)*.

Solución

Se puede contratar el buque completo o parte de él, para cargas parciales, en cuyo caso la naviera calculará el flete según las toneladas y los metros cúbicos que le avance la empresa cargadora.

Es necesario definir el tipo de servicios que se quiere contratar (carga, descarga, estiba, almacenamiento, etc.) indicando uno de estos términos de fletamento:

- **Flete básico:** solo incluye el transporte entre puertos.
- **Condiciones de línea regular o *liner terms:*** flete y operaciones de carga, estiba, desestiba y descarga.
- **FI *(free in):*** flete y operaciones de estiba y descarga. No incluye la carga.
- **FIOST *(free in and out, stowed and trimmed):*** flete y operaciones de estiba y descarga. No incluye la carga ni el trimado.
- **FIOS *(free in and out and stowed):*** flete sin operaciones de carga, descarga y estiba.
- **FILO *(free in, liner out):*** flete y descarga. No incluye la carga.
- **FISLO *(free in and stowed, liner out):*** flete y descarga. No incluye la carga ni la estiba.
- **LIFO *(liner in, free out):*** flete y carga. No incluye la descarga.
- **Flete *all in:*** flete y todas las operaciones de embarque o desembarque, estiba o desestiba y tracción hasta la terminal o el almacén.

AURUM

¿Qué son las autopistas del mar y cómo se utilizan?

Son rutas marítimas de corta distancia *(short sea shipping)* que ofrecen un servicio regular de transporte para contenedores, graneles o mercancías sobre medios rodantes (ro-ro). Su función es incrementar la agilidad de los tráficos marítimos y reducir el transporte terrestre.

Ventajas

- Generalmente, son más económicas que la carretera.
- Se puede circular en días vetados a la circulación por carretera.
- Se pueden transportar cargas rodadas sin necesidad de conductor, para recogerlas en destino con otro vehículo.
- Ahorran las dietas del personal que conduce los vehículos.
- Facilitan la circulación de mercancías peligrosas y cargas especiales.
- Permiten no someterse a algunas regulaciones restrictivas de peso en carretera en países intermedios.

Aplicaciones

- Si se usa transporte terrestre de forma habitual entre países, conviene conocer qué puertos de salida y servicios de autopistas del mar hay próximos.
- Se pueden conocer las salidas y las condiciones de las rutas a través de la web de las autoridades portuarias y de empresas transitarias o transportistas.
- Al negociar las condiciones de contratación con el porteador conviene consultar si hay que modificar el seguro sobre la carga.
- Finalmente, se realiza la carga y se hace el seguimiento *(track and trace)* anotando los puntos de llegada y salida de puerto.

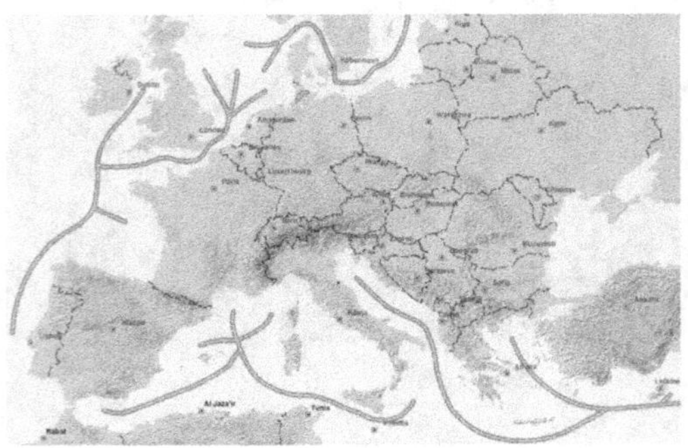

¿Qué son las autopistas ferroviarias y cómo se utilizan?

Se trata de un sistema de transporte ferroviario que permite cargar camiones, cajas móviles o semirremolques sobre vagones plataforma o canguro y transportarlos en unos itinerarios y periodos regulares.

Ventajas

Son las mismas que para las rutas marítimas, añadiendo que las autopistas ferroviarias permiten llegar a múltiples puntos interiores y que el volumen mínimo para sostenerlas económicamente es menor.

Aplicaciones

Las autopistas ferroviarias se pueden contratar para viajes esporádicos (similar a comprar un billete de tren) o para tráficos regulares, pactando condiciones específicas entre la empresa cargadora, la que realiza el transporte por carretera y la operadora ferroviaria.

Una vez decidido su uso, la empresa cargadora y la transportista deben organizar adecuadamente los horarios de carga y ruta, ya que el único posible inconveniente de este sistema frente al transporte por carretera es que hay que llegar a tiempo para la salida programada.

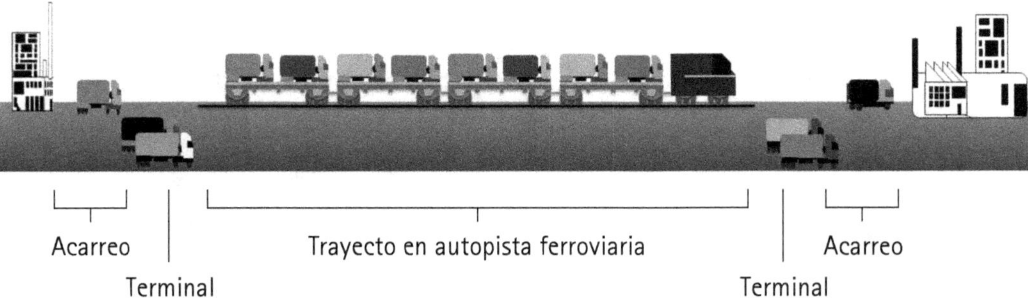

 Las autopistas ferroviarias son especialmente rentables a partir de los 650 km de distancia recorrida y si el servicio es sin conductor acompañante.

¿Qué tipos de vagones ferroviarios hay y cómo elegir el adecuado?

Están regulados por la clasificación de la Unión Internacional de Ferrocarriles (UIC) y recogidos en varias normas, principalmente las UIC 571-1 a 571-4, que definen trece tipos de vagones.

Cada tipo tiene un propósito diferente y debe elegirse en función de:

1 Naturaleza de la mercancía.
2 Optimización del peso.
3 Protección exigida.
4 Regulación legal.
5 Precio.

El transporte de contenedores no tiene una clase especial en la UIC; se suele incluir en la clase S.

Tipología

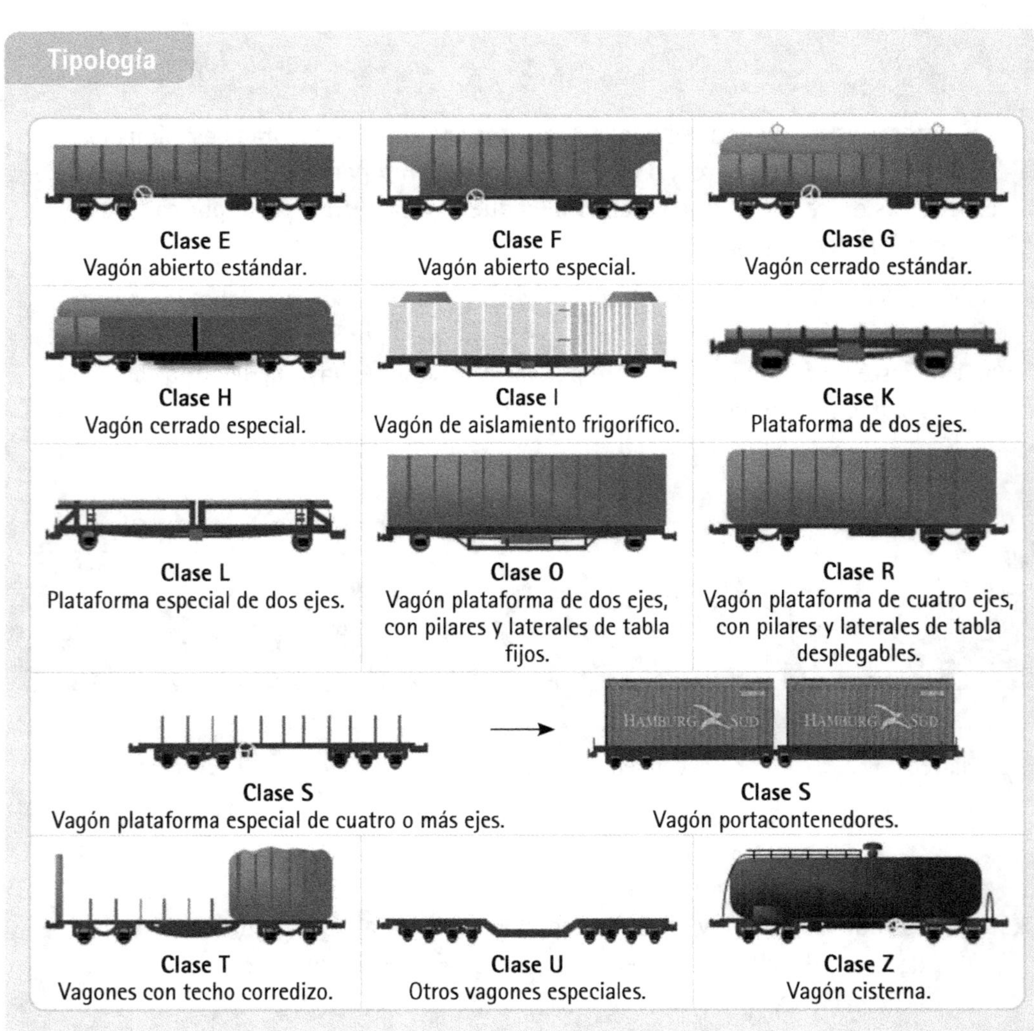

Clase E
Vagón abierto estándar.

Clase F
Vagón abierto especial.

Clase G
Vagón cerrado estándar.

Clase H
Vagón cerrado especial.

Clase I
Vagón de aislamiento frigorífico.

Clase K
Plataforma de dos ejes.

Clase L
Plataforma especial de dos ejes.

Clase O
Vagón plataforma de dos ejes, con pilares y laterales de tabla fijos.

Clase R
Vagón plataforma de cuatro ejes, con pilares y laterales de tabla desplegables.

Clase S
Vagón plataforma especial de cuatro o más ejes.

Clase S
Vagón portacontenedores.

Clase T
Vagones con techo corredizo.

Clase U
Otros vagones especiales.

Clase Z
Vagón cisterna.

¿Qué son las ULD tipo contenedor y cuáles son sus medidas?

ULD es el acrónimo de *united load device* o elemento unitario de carga, que comprende los contenedores y palés que se emplean para formar unidades de carga en el transporte aéreo de mercancías. Se pueden identificar por el tipo (LD-1 o M2, por ejemplo) o por un código formado por tres letras.

Tipología

Tipo de ULD	Nombre	Volumen útil (m³)	Tara (kg)	Peso máximo (kg)	Largo (cm)	Ancho (cm)	Alto (cm)
Contenedor AKC perfilado	LD-1	5	70 a 170	1.588	153	156	163
Contenedor DPE perfilado	LD-2	3,4	92	1.225	153	119	163
Contenedor AKE	LD-3	4,5	82	1.588	153	156	163
Contenedor AMU / base P6P	LD-39	15,9	290	5.035	472	243	163
Contenedor ALP rectangular	LD-4	5,5	120	2.449	243,8	153	164
Contenedor ALF perfilado	LD-6	9,1	230	3.175	153	318	163
Contenedor AMP	AMP	10,8	340	4.625	317	248	163
Contenedor DFQ	LD-8	6,88	127	2.450	153	244	163
Contenedor AAP / base P1P	LD-9	10,8	270	6.000	317	223	163
Contenedor AMA / base P6P	M1	17,7	350	6.804	317	243	243
Contenedor AGA 20'	M2	33,7	1.000	11.340	605	243	243
Contenedor RKN refrigerado	LD-3 reefer	4,5	210	1.588	200	153	163

Aunque la mayor parte de ULD están tipificadas por la International Air Transport Association (IATA), muchas compañías aéreas gestionan otras adaptadas a sus aeronaves o a mercancías específicas.

¿Qué son las ULD tipo palé y cuáles son sus medidas?

Los palés son muy usados en los aviones de carga, en sus múltiples formatos. Suelen ser plataformas metálicas a las que se sujeta la mercancía mediante redes o sistemas de trincaje homologados para este tipo de envíos.

Tipología

Tipo de ULD		Nombre	Volumen útil (m³)	Tara (kg)	Peso máximo (kg)	Largo (cm)	Ancho (cm)	Alto (cm)
	PLA medio palé 60,4'	PLA	7,1	91	3.175	317	153	163
	PNA 767 medio palé	PNA 767	5,5	83	2.449	243	163	163
	PRA 16' palé plataforma *twin car*	M6	2 cars	130	8.900	497	243	
	PMC / P6P palé 96" × 125"	PMC	10,3	110	6.800	317	243	163
	Palé PMC / MD contour A	PMC - 2Q	17	110	6.804	317	243	243
	Palé 96" × 238,5" / 20'/ P7E	PGF / PGE	33,3	400	13.608	606	243	243
	Palé A 320 / A 321	PKC	3,5	55	1.135	153	153	114
	Palé P1P 88" × 125"	PAG / P1	9,7	110	6.033	317	223	162
	PARA 16' palé con red	MDP	27,6	410	11.300	497	243	243
	Palé con estabilizadores UAP	UAP	10,5	195	4.625	317	223	155
	Palé con estabilizadores BAV	BAV	7,06	195	4.625	317	223	100
	Palé con estabilizadores UMC	UMC	11,5	195	4.625	317	244	155

Negociación para el comercio internacional
Cristina Peña Andrés

Manual del manipulador de alimentos
Blas Gómez

Manual de gestión del transporte y la logística
Lander Tolosa

La economía social y solidaria en Barcelona
Anna Fernàndez, Ivan Miró

Manual de seguridad en el trabajo
Marge Books

**Cómo innovar en las pymes.
Manual de mejora a través de la innovación**
Alberto Tundidor Díaz

**Guía documental para exportar e importar.
Los 12 documentos clave**
Alberto García Trius

**Mass customization.
Las claves de la personalización masiva**
Blas Gómez Gómez

**Crédito documentario. Guía para el éxito
en su gestión**
Cristina Peña Andrés, Amelia de Andrés Leal

Guía práctica de las reglas Incoterms® 2010
David Soler

**Certificación Lean Six Sigma Green Belt
para la excelencia en los negocios**
Lean Six Sigma Institute, SC

**Certificación Lean Six Sigma Yellow Belt
para la excelencia en los negocios**
Lean Six Sigma Institute, SC

**Negociación intercultural. Estrategias
y técnicas de negociación internacional**
Domingo Cabeza, Pelayo Corella, Carlos Jiménez

**Las reglas Incoterms® 2010. Manual para
usarlas con eficacia**
Alfonso Cabrera Cánovas

**Regímenes aduaneros económicos y procesos
logísticos en el comercio internacional**
Pedro Coll

**Inglés náutico normalizado para
las comunicaciones marítimas**
José Manuel Díaz Pérez

Shipping & Commercial Case Law
Albert Badia

Gestión medioambiental en la industria
José M.ª Suris

Gestión financiera del comercio internacional
Josep M.ª Casadejús

**Manual de gestión aduanera. Normativas
del comercio internacional y modelos
de integración económica**
Pedro Coll

Los abordajes en la mar
Carlos F. Salinas

**El desorden sanitario tiene cura.
Desde la seguridad del paciente hasta
la sostenibilidad del sistema sanitario
con la gestión por procesos**
Rajaram Govindarajan

**Gestión y liderazgo en una empresa
de seguros**
Simón Mahfoud y Digna Peña

Avda. Alcalde Moix, 28 – 08207 Sabadell (Barcelona) – Tel. +34-931 429 486 – marge@margebooks.com – www.margebooks.com

www.ingramcontent.com/pod-product-compliance
Lightning Source LLC
LaVergne TN
LVHW080440200726
843507LV00004B/873